AF451929

DÉPARTEMENT DES BOUCHES-DU-RHONE

ANNÉE 1882-1883

RAPPORT

SUR

L'AGRICULTURE

PAR LE PROFESSEUR

Marius FAUDRIN

Boulevard Notre-Dame, 52, Aix.

MARSEILLE

IMPRIMERIE ET LITHOGRAPHIE CAYER ET Ce

MARSEILLE

IMPRIMERIE ET LITHOGRAPHIE CAYER ET Ce
Rue Saint-Ferréol, 57.

1883

Aix, le 1er Juillet 1883.

A Monsieur le PRÉFET [1]

Et à Messieurs les CONSEILLERS GÉNÉRAUX

des Bouches-du-Rhône [2].

MESSIEURS,

Ainsi que je le fais chaque année, j'ai l'honneur de vous exposer un nouveau Compte-rendu de mon enseignement et de mes visites agricoles pendant l'année 1882-1883, à Ceyreste, Cuges, Mazargues, Sainte-Marthe (Marseille), Cadolive (Saint-Savournin), les Pennes, Peynier, Saint-Victoret, Boulbon, Trinquetaille (Arles), Maussanne, Noves, Saint-Andiol, Lamanon, Saint-Mitre, Jouques, le Puy-Sainte-Réparade, la Roque-d'Anthéron, Pélissanne, le Tholonet, Velaux et Luynes (Aix).

Ceyreste.

A Ceyreste, l'élan pour la reconstitution du vignoble est actuellement donné : M. Maurin-Florent traite ses

(1) E. Poubelle, officier de la Légion-d'Honneur.

(2) J. Martin, *Président*, chevalier de la Légion-d'Honneur ; J. Deüs et B. Abram, *Vice-Présidents*; Aillaud, Chabanel, Th. Fabre, Maglione, Brémond, Chevillon, Guibert, P. Baragnon, F. Abram, chevalier de la Légion-d'Honneur ; Bédaride, chevalier de la Légion d'Honneur, Besson, Goirand, Jourde, Leydet, député ; Baret, Marion, Lagniel, Monier, Alphandéry, Boissier, Daillan, Velten, chevalier de la Légion-d'Honneur.

vignes par le sulfure de carbone, qui produit un bon effet, et plusieurs autres propriétaires. ont fait des plantations avec les meilleurs cépages **américains** résistant au phylloxéra.

Il en est de même pour les vergers, et chose satisfaisante à constater, les variétés fruitières choisies sont les plus recommandables.

Ensoleillé et abrité des grands vents du nord, le territoire de Ceyreste est préservé des froids rigoureux de l'hiver. On pourrait donc y cultiver, avec succès, un arbre qui donne de gros revenus dans un département voisin, le Var, j'ai nommé le chêne-liège, et le doute n'est plus possible lorsqu'on sait qu'il en existe un sujet magnifique, malgré l'abandon dans lequel on le laisse.

Deux autres cultures industrielles : le *Câprier* et l'*Immortelle*, devraient être essayées aussi dans la commune. Il ne serait pas impossible enfin que sur les versants nord des hautes collines, on pût y créer des *Châtaigneraies*.

Chaque fois que je suis appelé dans cette partie privilégiée du département des Bouches-du-Rhône, où les arbres prennent les plus belles dimensions, je ne puis m'empêcher de reprocher aux possesseurs d'olivettes de ne pas en transformer les sujets qui, généralement, ne produisent que des fruits petits et à gros noyaux.

Pour en arriver à greffer ces gros arbres, avec une reprise à peu près certaine, il faudrait d'abord en ravâler la moitié des branches que l'on opèrerait, sur les tronçons, en fente ou en couronne, avec des greffons des variétés d'olives : *Aglandeau* pour l'huile, et *Saurine* pour la table. Ensuite, si le greffage réussissait, deux ans après l'opération, on ravalerait les branches restantes et on les traiterait comme les premières.

Ces grands oliviers, qui ne peuvent jamais être émondés d'une façon complète, gardent du bois mort qui sert de refuge à l'Hylésine (le ver du bois); de plus, la récolte dernière en olives a été souillée par le Dacus (le vert du fruit). Ce double fléau a défiguré les arbres et a annulé presque la récolte.

Cuges.

A Cuges, on trouve que la culture du câprier a pris une trop forte extension et que la surabondance de ses produits en a fait baisser le prix.

En dehors de ce fait, il y peu du nouveau, en agriculture. Dans ce pays privé d'eau d'arrosage, on a adopté la culture de la luzerne, en lignes, avec espaces intercalaires pour permettre les labours d'hiver et les binages d'été, afin de pouvoir mieux enfouir les engrais et entretenir la fraîcheur du sol.

Les agriculteurs songent sérieusement à reconstituer le vignoble et se proposent de le faire avec des cépages américains, qui réussiront, parce que le territoire local est de bonne qualité, et que ces vignes exotiques prospèrent dans un milieu beaucoup moins favorable, comme on peut s'en assurer, à la ferme de Chibron, près Signes (Var), domaine appartenant à M. Aguillon.

La réputation de l'exploitation viticole de Chibron, m'imposait l'obligation d'aller la visiter. Ce vignoble est aussi remarquable par son étendue que par sa direction. On y cultive exclusivement les cépages américains et leur plantation remonte à une douzaine d'années. A cause de la pauvreté du terrain (calcaire-graveleux et très sec), beaucoup de ces vignes exotiques n'ont pas réussi et même ont succombé ; seuls se maintiennent en assez bon état, malgré la grande sécheresse, le Jacquez, le Solonis et le Riparia sauvage.

Un vignoble reconstitué, et qui. peut être donné en exemple, est celui de M. Pignol, judicieux agriculteur ; on y trouve non seulement les meilleures variétés de vignes américaines, mais celles-ci reçoivent leur vrai système d'éducation, et les rangées de ceps sont séparées par des arbres fruitiers (des cerisiers en majorité), aussi remarquables par leur fertilité que par leur état de santé.

Il est à regretter que des sujets si avantageux et si peu délicats ne soient pas plus répandus ; à Cuges, ils devraient être plantés non seulement dans les terres labourées, mais aussi sur la route Nationale, qui est complètement dénudée, et où l'ombrage serait cependant tant apprécié par le voyageur.

Marseille.

Je me propose d'enseigner, à tour de rôle, dans tous les quartiers urbains de Marseille.

Mazargues. — Les séances orales et pratiques ont eu lieu à l'Arénas, campagne possédée par M. de Saint-Foix, Président de la Société d'Horticulture de Marseille.

Lorsque le propriétaire de l'Arénas a pris possession de ce grand domaine, les pins en occupaient la plus grande étendue. Il en est ainsi encore aujourd'hui ; mais

on en a défriché une partie pour la convertir en verger,
en vignoble et en potager.

Comme son nom l'indique, le sol de cette campagne
est sablonneux, mais le sous-sol est formé d'un poudin-
gue imperméable. Pour défricher le terrain, on s'est
servi de la dynamite, un moyen aussi nouveau que puis-
sant. A cet effet, à l'aide de barre à mine, on creuse dans
la couche compacte un trou suivant la profondeur que
l'on veut donner à la couche arable : puis on prépare la
cartouche de dynamite que l'on munit d'une capsule
après laquelle on a fixé une mèche ; cela fait, on descend
la cartouche au fond de l'excavation, et le vide restant
est comblé avec du sable que l'on tasse délicatement à
l'aide d'une petite baguette. Ensuite, il n'y a plus qu'à
allumer la mèche et à se mettre en lieu sûr contre l'ex-
plosion : une détonation se produit et le banc de rocher
se trouve broyé ou lézardé sur une surface de plus d'un
mètre cube. D'une force explosive dix fois plus considérable que la poudre, la dynamite agit surtout de haut en
bas. Un hectare d'un pareil sol défoncé à la dynamite
revient à 10,000 francs.

Ce défoncement est favorable à toutes les cultures ; la
vigne surtout s'y développe admirablement. Dans l'entre-deux des rangées de ceps, l'asperge même offre un
produit convenable.

Le verger comprend les sortes de fruits les plus esti-
més : dans le genre pêcher, l'*Amsden*, pêche belle, bonne
et surtout précoce, sa maturité arrive dans la seconde
quinzaine de juin ; dans le genre cerisier, le *hâtif de
Bâle ;* dans le figuier, la *Dauphine*, bifère par excellence,
à gros fruit et abondamment fertile, etc., etc.

Il faut mentionner encore le Bambou. Cette graminée arborescente est représentée ici par toutes ses variétés parmi lesquelles se fait plus particulièrement remarquer, le *B. viridi glaucescens,* d'une grande rusticité et d'une végétation plus précoce que les autres, ce qui lui permet de mieux mûrir ses tiges. Je crois le bambou appelé à rendre d'utiles services dans le département des Bouches-du-Rhône, pour consolider les terrains exposés aux inondations, et, avec ses tiges, pour remplacer les roseaux (cannes de Provence) comme abris brise-vent.

Le parc contient de beaux arbres forestiers et d'agrément, des plantes florales et d'ornement harmonieusement distribuées ; enfin une collection importante de végétaux de l'extrême-Orient et notamment du Japon, qui en font un véritable jardin d'acclimatation.

A la suite de mon enseignement officiel, MM. les Membres de la Société Horticole de Marseille ont décidé que mes leçons d'arboriculture et de viticulture seraient données à l'avenir à l'Arénas.

SAINTE-MARTHE. — Je sais qu'il se trouve à Sainte-Marthe plusieurs belles et vastes propriétés, celles de MM. Armand, Caune, Saïsse aîné, etc. ; mais je n'ai pu visiter que la dernière, *la Fortunée.* Dans celle-ci, on a eu vue le rendement plutôt que l'agrément. Lorsque M. Saïsse, un arboriculteur-amateur distingué, éduquait lui-même ses arbres, son verger aurait pu rivaliser, comme tenue et surtout comme fertilité, avec ceux des clos-écoles de Paris et de Lyon ; mais aujourd'hui le grand âge du propriétaire et les hautes statures des sujets font que ceux-ci sont un peu délaissés et ont perdu de leurs gracieuses allures.

Saint-Savournin.

CADOLIVE. — Pour donner satisfaction à tous ceux qui expriment le désir de recevoir mon enseignement, je me suis rendu à Cadolive, au lieu d'aller à Saint-Savournin, le chef-lieu communal.

Les habitants de Cadolive, quoique à peu près tous employés à l'extraction du charbon, dans les mines de Valdonne, sont dévoués à l'agriculture, et ils se livrent au jardinage dans leurs heures de loisir ; ils cultivaient la vigne, avant les ravages du phylloxéra.

J'ai visité une propriété appartenant à un M. Ruy, où le vignoble occupait une surface considérable et où les produits se distinguaient par leurs qualités. Autour de la maison du maître, c'était une véritable oasis : de beaux arbres d'agrément et surtout de puissants arbres fruitiers, dont les produits venaient ajouter encore aux revenus de la campagne, tout cela est mort ou mourant, soit par suite des ravages phylloxériques, soit par l'effet de l'ardente sécheresse.

Mais, depuis ce printemps dernier, les pluies sont plus fréquentes ; les agriculteurs ont repris confiance dans le succès des plantations et se sont remis à l'œuvre.

Sur mes conseils, l'Administration municipale a fourni à M. Joussaud, instituteur communal, un petit champ d'expériences, dans le but de servir de modèle aux cultivateurs surtout qui plantent de la vigne. M. Joussaud est un zélateur pour l'enseignement agricole et pour tout ce qui peut favoriser les produits culturaux. L'an passé, ses élèves ont protégé 119 nids et détruit 7,014 papillons. Une idée très originale a été d'enguirlander ces lépidoptères, en les enfilant les uns à la suite des autres, et d'en décorer la salle de l'école.

Les Pennes.

C'est chez M. Panisson, notaire, que j'ai constaté les améliorations agricoles les plus importantes sur le territoire des Pennes. Son vignoble, avec ceps à grand espacement, est toujours vigoureux et bien fertile, malgré le voisinage de vignes contaminées. Il a planté des cépages américains dans une autre propriété, et les résultats sont aussi des plus satisfaisants.

M. Panisson s'est rangé à mon avis au sujet des arbres fruitiers comme arbres d'avenue, et a remplacé, par des cerisiers, les robiniers qui bordaient l'allée de sa villa *la Marie-Louise.*

Le superbe vignoble de M. Depeyre, s'en va, abandonné qu'il est à la merci du phylloxéra et il ne reste plus que des traces de celui de M. Carle, malgré la taille à court bois des ceps ; celui de M. Cucurny a fini aussi par succomber. Tandis que les vignes soignées par M. Lombard, plantées en terrain sablonneux et frais, et taillées généreusement, ont donné une véritable récolte, après dix-huit mois seulement de bouturage.

Les belles prairies permanentes, établies au fond de la vallée, et arrosées par les eaux du canal de Marseille, doivent donner un fourrage excellent et abondant ; mais je suis convaincu que leur rendement s'augmenterait encore si on complétait leur fumure avec l'engrais chimique complet n° 1 (système G. Ville). Mis seul, l'engrais chimique s'emploie à la dose de 500 kil. à l'hectare.

Peynier.

A Peynier, mes prévisions pour le rétablissement du vignoble, se sont en partie réalisées. Plusieurs propriétaires ont planté des cépages indigènes et des cépages américains dans les meilleurs quartiers du territoire local. Jusqu'à présent, les résultats obtenus sont encourageants.

On voudrait surtout pouvoir utiliser les sols sablonneux des bords de l'Arc ; seulement, si les vignes s'y défendent mieux qu'ailleurs contre le phylloxéra, elles y sont très exposées à l'action funeste des gelées blanches, qui annulent trop souvent la fructification.

Pour parer à ce grave inconvénient, on a recours à plusieurs moyens ; mais le plus avantageux, à mon avis, est celui imaginé par un M. Pignol ; c'est un appareil formé de deux panneaux ayant de 40 à 50 cent. de côté, avec cadre en fil de fer galvanisé, et reliés entre eux par le haut à l'aide d'un fil de fer faisant charnière. Ces panneaux sont supportés par des baguettes en roseaux (cannes de Provence) d'un mètre de longueur, qui servent à fixer le paragelée au sol. L'inventeur affirme que depuis qu'il se sert de cet écran, ses vignes n'ont plus souffert du froid, tandis que celles, de ses voisins sont presque toujours brûlées par les gelées.

Saint-Victoret.

Après avoir parcouru une grande partie du territoire

de Saint-Victoret, j'ai pensé qu'une leçon pratique d'agriculture serait la plus profitable aux cultivateurs de la localité. J'ai fait choix d'un jeune vignoble phylloxéré, et de l'enclos de M. Gounelle, aux alentours du village.

Je me suis appliqué à montrer comment les vignes malades peuvent être guéries par l'application du sulfure de carbone ou du sulfo-carbonate de potassium.

Je me suis étendu, chez M. Gounelle, sur l'éducation des arbres de verger, des plantes fourragères, du potager et de la vigne à raisin de table. Les démonstrations se sont terminées sur les arbres du parc, où l'on admire beaucoup de beaux sujets, entr'autres un *Taxodium disti-chum* (cyprès chauve) avec une tige de 25 à 30 mètres de hauteur, et portant sur ses racines des exostoses coniques et aériennes qui atteignent jusqu'à 1 mètre d'élévation, et un *Diospyros Virginiana* (Plaqueminier de Virginie) chargé encore, en janvier dernier, de fruits d'une saveur exquise, lorsqu'ils sont blets. A mon avis, on devrait multiplier un tel arbre qui aime à peu près toutes les sortes de sols où existe la fraîcheur.

Le quartier de Pallières, le rognon du territoire de Saint-Victoret, à cause de la nature alluvionnaire du terrain et de la possibilité de l'irriguer, est intelligemment cultivé ; aussi on en fait sortir d'abondantes récoltes de denrées alimentaires.

Marignane.

Quoique Marignane fût en dehors de mon itinéraire, je m'y suis rendu également pour y juger les modifications agricoles que les cultivateurs avaient pu faire depuis l'année dernière.

On continue toujours à planter de la vigne et à la bien soigner, ce qui permet d'espérer que bientôt cet arbuste aura réoccupé la place qu'il avait avant l'apparition du phylloxéra.

Actuellement, l'attention du vigneron est portée sur les terrains siliceux du quartier de l'Etang de Bolmon. Dans un milieu semblable, on ne doit pas oublier que la reprise de la vigne exige la plantation exclusive des enracinés au lieu des boutures, et la protection des ceps, contre les ravages du ver blanc, par des injections de sulfure de carbone, à l'aide du pal Gastine.

Le domaine de M. Baudouin-Gounelle possède tonjours de fort belles prairies établies sur un terrain jadis marécageux et salé. L'aspergerie continue à donner de bons produits, et les premières vignes plantées commencent à fructifier raisonnablement.

Dans ce quartier, la violence du mistral est un grand fléau pour les récoltes; non seulement il mutile les plantes, mais il emporte encore le terrain. Pour lutter avec ce terrible adversaire, M. Baudouin a fait élever, au nord de sa propriété, un mur d'un demi-kilomètre de longueur et qui sert d'abri en même temps que d'espalier à des cépages très vigoureux et très fertiles. Les autres moyens de défense contre le vent sont des palissades en roseaux (cannes de Provence), qu'il faut espérer voir un jour remplacer par des bambous, dont on pourrait récolter des tiges sur place.

Dans les terrains compactes, on traite le vignoble par la submersion, et dans ceux de nature silico-argileuse on emploie le sulfure de carbone. Enfin, lorsque le vignoble se trouve dans un milieu inefficace aux anti-phylloxériques officiels, alors on a recours à un procédé viticole usurier. De cette façon, tout le monde cultive la vigne avec bénéfice.

Le jardin scolaire, dirigé par M. Mayer, instituteur communal, est toujours bien soigné, et plusieurs arbres déjà formés servent à montrer aux élèves les effets d'une éducation arboricole rationnelle.

Boulbon.

Quand je me suis rendu à Boulbon, le territoire de la plaine était inondé, pour la seconde fois, par les eaux du Rhône, et les agriculteurs très inquiets sur le sort de leurs vignobles et de leurs vergers. Cette crainte était fondée pour certains arbres, mais elle n'était pas justifiée pour la vigne ; au contraire, celle-ci étant phylloxérée ne pouvait que se renforcer après ce bain forcé ; on sait, en effet, que ce moyen est véritablement anti-phylloxé-rique et employé comme tel dans beaucoup de pays.

Désormais, si l'on veut garantir les espèces fruitières des conséquences pernicieuses d'un excès d'humidité, il faut les planter greffées exclusivement sur sujets à racines traçantes : le poirier, sur cognassier, le pêcher et l'abricotier sur prunier.

J'ai fait essayer, dans la localité, de la culture de l'avoine prolifique de la Californie, une variété d'avoine qni donne 40 0/0 de plus que la variété commune et qui a, en outre, l'avantage de pouvoir être semée tardive-ment, jusqu'en mars.

Dans la liste des fruits cultivés dans la commune, il faut en nommer deux, obtenus d'aventure, l'un s'appelle : *Gros Abricot précoce de Boulbon,* et l'autre la *Pêche Durand*; le premier est une sorte d'abricot-pêche, coloré, bon et surtout hâtif; on le récolte quelquefois dans la première quinzaine de juin, et l'autre fruit aussi est de toute première qualité.

Les céréales ont beaucoup souffert de l'inondation dont je viens de parler et la jaunisse s'est déclarée sur les plantes. Pour combattre cette affection, j'ai conseillé de répandre sur les emblavures : 200 k. de superphosphate de chaux et 200 k. d'ammoniaque, ce qui fait verdir et taller les blés tout à la fois.

Arles.

Trinquetaille. — En ce moment, la Camargue est en train d'échanger sa réputation de grenier de la Provence contre celle de cave de la Provence. Cette transformation culturale est due aux bénéfices considérables que donnent, sur les céréales, les vignobles établis dans cette riche terre.

Dans ces terrains sablonneux, les vignes n'y sont l'objet d'aucun traitement anti-phylloxérique, et la submersion se pratique dans les sols compactes.

Quand on plante dans les plaines ou dans les endroits frais, il convient de ne constituer le vignoble qu'avec des plants à bois érigé, tardifs à débourrer, fertiles et à raisins placés haut sur les pampres. De ce nombre sont, pour la production du vin rouge, le *Mataro*, sorte d'Espar, et une autre variété d'Espar cultivée dans les Basses-

Noves.

On n'ignore pas qu'à Noves, les deux sortes de cultures principales sont celles de la vigne et du fraisier ; actuellement, la surface du vignoble local est d'environ 160 hectares, et parmi les principaux propriétaires, on distingue surtout M. Gérin, maire de Noves, et M. Lagnel, votre honorable collègue au Conseil Général.

Le fraisier est l'objet de soins assidus ; mais je ne le crois pas représenté par les véritables variétés pour la spéculation. C'est ici où un champ d'essais serait nécessaire pour étudier comparativement les principales sortes de ce fruit maraîcher, telles que, par exemple : *Cérès, David, Docteur Morère, Elton, Flora, Grosse bonne, Haquin, Jucunda, Marguerite, Lebreton, Princesse of Wales, Prince Impérial* ou *Ricard des Halles, Victoria Trolopp's* et *Sir Harry*.

Saint-Andiol.

Aujourd'hui, à Saint-Andiol comme à Noves, on s'occupe beaucoup de viticulture.

Dans cette dernière localité, ce sont les messieurs Gerin et Lagniel qui donnent l'impulsion au progrès agricole : les Felibres les appelleraient *li Capoulié*. Depuis ma précédente visite, qui datait de trois ans, leurs vignobles ont éprouvé des revers sérieux : la grêle et le mildew *(peronospora viticola)*, et malgré ces fléaux, les vendanges ont été encore rémunératrices.

On sait que ces vignes sont submergées ; les bourre‑
lets, pour maintenir l'eau, ont leurs versants très adou‑
cis, afin de permettre aux animaux qui traînent les ins‑
truments de labour de les gravir sans trop de peine.

Dans le but de garantir les grappes contre les incon‑
vénients des gelées tardives, on se sert du goudron de
gaz mêlé avec de la balle de céréales, qui a le mérite sur
le goudron seul de mieux brûler et de produire plus de
fumée. Préalablement, on prépare des tas de ladite
substance, à chaque distance d'environ 50 mètres en
tous sens ; puis on y met le feu avant de l'employer, c'est‑
à-dire quelques heures avant le lever du soleil, quand le
ciel est serein et lorsque le thermomètre descend à zéro,
et, pendant l'enfumage, s'il survient un courant d'air,
des aides, munis de casseroles remplies de ce même
goudron pailleux allumé, se portent sur les points mena‑
cés par la gelée.

Au mas de la Tapy, MM. Gourdin frères ont fait, dans
leurs importants vignobles, des vendanges extraordi‑
naires. Les souches en Monestel (Carignan), à l'âge de
trois ans, portaient jusqu'à 30 et 35 raisins et d'une com‑
plète maturité. Actuellement, ce domaine est devenu la
propriété d'un M. Roussel (de l'Hérault), qui veut en
faire, au point de vue viticole et vinicole, une exploita‑
tion modèle.

M. Vouland est toujours satisfait de la taille libérale
qu'il applique à ses vignes, et son exemple a fait de nom‑
breux prosélytes.

La submersion est à peu près l'unique moyen employé
pour conserver le vignoble local ; on compte 160
hectares de vignes soumises à ce traitement ; cependant

2

quelques propriétaires se sont mis à cultiver les vignes américaines et elles paraissent vouloir s'accommoder des conditions du sol et du climat.

VERQUIÈRES. — Le voisinage de Castellau, de Saint-Andiol, ferme appartenant à M. C. Monier père, à votre honorable collègue au Conseil Général, m'a permis d'en examiner de nouveau les vastes plantations en cépages américains.

Quoique établies sur un sol tuffeux, certaines de ces vignes exotiques s'y conservent en bonne santé, particulièrement le Solonis et le Jacquez ; on y voit aussi de fort belles greffes de cépages indigènes sur Clintons ; seulement, leurs pampres ont été attaqués par le Mildew, cette maladie qui les fait défeuiller au milieu de l'été, et dont les suites s'opposent à la maturité des grappes et à l'aoûtement du bois.

On ne connait encore aucun prophylactique contre cette affection, et en attendant sa découverte, on conseille d'enlever, pour les brûler, les feuilles sèches ou malades, et en hiver, aussitôt après la taille, de badigeonner la vigne avec une dissolution de sulfate de fer ou de sulfate de cuivre.

En ce moment, on vante beaucoup une poudre connue sous le nom de Fongivore ; mais les essais qui en ont été faits au champ de vignes du Comité d'Aix ne permettent pas encore de se prononcer sur la valeur de ce parasitaire.

Lamanon.

A Lamanon, j'ai pu visiter cette fois, le magnifique

parc du château de M. le Marquis de Panisse; sa position dans un site des plus pittoresques et la disposition harmonieuse des plantations en font un des séjours les plus agréables de la Provence. Dans les terres du château, il y a de grandes prairies parfaitement entretenues, des vergers et des vignes.

Les vergers ont leur arbres toujours bien éduqués; mais les vignes sont guidées suivant de faux principes, et il en est de même des autres vignobles de la localité. J'ai expliqué aux vignerons les méthodes scientifiques, et cité, à l'appui, des faits dont on peut ici facilement se rendre compte en se rendant au vignoble de M. Monier, à Eyguières, quartier de Saint-Véran, où les vignes indigènes et les vignes exotiques sont conduites rationnellement.

Saint-Mitre.

Dans beaucoup de localités, les procédés culturaux sont assez méthodiques, mais cela ne suffit pas pour obtenir des récoltes à grand rendement, il faut aussi posséder les meilleures variétés de plantes ou d'arbres, c'est-à-dire celles qui réunissent au plus haut degré les qualités de rusticité et de fertilité.

Toutefois, avant de changer une culture ou d'introduire une autre sorte de végétal, on ne saurait être trop prudent et on ne doit le faire qu'après expérience; aussi l'Administration municipale est toute décidée à créer un champ d'études public pour l'essai des nouveautés agricoles.

En ce moment, l'Autorité communale ██████ée à

résoudre des difficultés qui l'empêchent de prendre possession de l'Étang du Pourra. Il y a une surface de terrain d'environ 140 hectares, dont 50 hectares environ pourraient être consacrés à des cultures diverses et surtout à la viticulture, comme le prouvent plusieurs vignobles et entre autres celui de M. Pierre Audibert.

Jouques.

A Jouques, toutes les nouvelles maisons du boulevard ont chacune leur jardin complanté de quelques arbres fruitiers et de vignes ; des principaux légumes et de divers arbustes et plantes d'agrément. L'ensemble des plantations est ordinairement bien aménagé et bien soigné. L'horticulture y en est en honneur.

Les vergers que j'ai mentionnés dans un précédent rapport sur les cultures locales continuent à garder leur vigueur et leur fertilité.

Les vastes vignobles de MM. Bournat frères, au Logis-d'Anne, offrent un aspect différent, suivant les terrains où ils sont plantés : en sol compacte-argileux, les ceps sont morts ou mourants des suites du phylloxéra ; en sol sablo-argileux, ils sont faibles ou de vigueur moyenne, et en sol sablonneux, ils ont une végétation et une fructification complètes.

Lorsque je les ai visitées, ces vignes venaient de recevoir une submersion forcée, des suites d'une forte crue de la Durance, et les eaux en se retirant avaient colmaté le sol d'une couche de limon qui, en certains endroits, atteignait près de 0^m20 d'épaisseur. Ce colmatage a enterré bien des ceps qu'il faudra déchausser pour les empêcher de s'asphyxier, et malgré ce, la plupart seront déformés pour toujours. A l'avenir on agirait donc sagement, si on formait la tête de la vigne à 0ᵐ40 ou 50 cent. du sol, et si on protégeait les ceps à l'aide d'un échalas accolé à leur pied. Il y a quelques années que j'ai fait la même recommandation aux vignerons de Peyrolles, j'espère qu'ils en auront fait leur profit.

Au retour de mon excursion dans les terrains vagues de la Durance, j'ai visité le jeune vignoble de M....., en cépages français et en cépages américains. Placées dans un terrain très riche et bien préparé, ces diverses vignes rivalisent de force et ne semblent nullement disposées à se laisser dévorer par le phylloxéra.

Le Puy-Sainte-Réparade.

Les agriculteurs du Puy-Sainte-Réparade, stimulés par les gros revenus que la culture du cerisier donne aux habitants de la Roque-d'Anthéron, veulent les imiter en créant, eux aussi, des vergers de cerisiers ; seulement, au lieu d'adopter exclusivement la cerise *Paul Vachier*, qui est la plus avantageuse pour le produit, ils plantent diverses variétés et surtout la *hâtive de Bâle*, laquelle n'a d'autre mérite que sa précocité, chose excellente dans les localités où le territoire est chaud ou abrité, mais funeste là où, comme au Puy-Sainte-Réparade, le sol est humide et froid.

Avec la cerise *Paul Vachier,* on pourrait en essayer également de la cerise *Montmorency, à courte queue* et de la *Griotte de Portugal.* Possesseur d'un sujet de cette dernière sorte de cerise, j'ai pu en apprécier les nom-

breuses qualités : l'arbre est trapu et son fruit, gros, bon
et très abondant ; j'en ai offert des greffons à toutes les
personnes qui m'en ont fait la demande.

Un intelligent horticulteur de la localité, M. Max.
Rissolet, avait tenté la culture de la Ramie ou *Urtica
utilis ;* mais il en a été découragé après avoir vu périr
les touffes, à la suite d'un hiver trop rigoureux.

Par contre, la viticulture s'étend de plus en plus ;
bientôt tous les terrains alluvionnaires de la Durance
seront occupés par la précieuse ampélidée, nonobstant
les désastreuses promenades que la capricieuse rivière
fait dans ces sols, lesquels ne sont défendus — et pas
partout encore, — que par des digues impuissantes à
contenir les crues.

C'est là où les plantations en bambous auraient leur
raison d'être et rendraient un double service, en fixant
le sol par leurs racines et en protégeant les pieds de
vignes par leurs tiges fragmentées en tuteurs.

M. Cayol, instituteur communal, conduit toujours le
jardin scolaire en véritable praticien ; les opérations
culturales se font devant les élèves ou sont faites quelquefois par les élèves eux-mêmes, seul moyen d'ap-
prendre l'horticulture.

La Roque-d'Anthéron.

L'excellence du territoire de la plaine assure, à La
Roque, la réussite de toutes les cultures : ce sont de
magnifiques champs de céréales, de bonnes prairies, de
superbes vignobles et de belles pommes de terre, aux-

quelles on veut joindre la culture de l'asperge, qui y donnerait sûrement de grands produits.

Malgré le peu d'espoir de conserver sur les coteaux les vignobles avec cépages indigènes, M. Sodinot fils n'a pas hésité à en établir un assez important, mais dans les meilleures conditions possibles d'installation ; la reprise des boutures a été satisfaisante ; toutefois, une partie du champ a été réservée aux cépages américains, qui ont aussi bonne mine que les vignes françaises.

J'ai traversé plusieurs vergers d'amandiers et d'oliviers bien négligés ; ici, c'est le sort commun de ces essences d'arbres, depuis que la sécheresse désole la Provence.

Les dernières inondations de la Durance ont ravagé beaucoup de champs de céréales, et, lorsque le mal s'est produit, il était trop tard pour les réemblaver avec des semences de blés d'hiver. Dans ce cas, le cultivateur doit recourir aux *blés de printemps*, dits aussi *blés de cent jours*, tels que le *blé de Taganrok*, le *blé Bleu* ou *de Noé*, etc. Ces deux sortes de blés, essayées à Aix, au Jardin de l'École Normale d'instituteurs, et au domaine de Gallifet, au Tholonet, ont donné des résultats assez satisfaisants.

Pélissanne.

Par suite de la maladie phylloxérique, les pays qui avaient jadis le plus de vignobles sont souvent, aujourd'hui, ceux qui en ont le moins, parce que, actuellement, la durée d'une vigne dépend beaucoup de la force et de la bonté du terrain.

Cette révolution viticole a fait abandonner au vigne-

ron bien des préjugés et surtout celui qui voulait que
la vigne ne *fût fumée qu'avec des fientes d'alouettes.*

Quelques propriétaires, qui comprennent la nécessité
de diriger la vigne d'une manière toute méthodique, et
craignant de ne pouvoir l'obtenir avec les vignerons de
la localité, ont fait venir, pour les remplacer, des vignerons du Languedoc. Je n'ai pas trouvé irréprochables
les méthodes de ces derniers : Dans les bas-fonds, il faut
monter la tête de la vigne assez haut, pour moins
exposer la fructification aux ravages des gelées printa-
nières et pour que les grappes ne soient pas souillées
par la terre.

Velaux.

Depuis que je n'étais venu à Velaux, l'Administration
municipale a obtenu une concession d'eau du canal de
Marseille, suffisante pour fournir aux besoins du village,
ce qui permet en même temps de pourvoir à l'irrigation
des arbres de la place publique et d'alimenter un grand
lavoir communal.

Il y aurait encore un moyen plus complet peut-être
de tirer parti de cette eau précieuse : en hiver, au lieu
de laisser les eaux d'écoulement se déperdre inutilement
dans la rivière, il serait prévoyant de l'emmagasiner
dans de grands réservoirs et, en été, elle servirait à
l'arrosage des cultures. Le droit à l'irrigation serait
réglé par un arrêté municipal, et le prix serait fixé pro-
portionnellement aux surfaces arrosées. De cette manière, on éviterait les fâcheuses contestations qui,
maintenant, se produisent entre les riverains de la

rigole, tout en créant une nouvelle source de revenus pour la commune.

Nouvelle recommandation aux possesseurs de vergers d'amandiers et d'oliviers, relative à l'agrandissement de la forme et à l'amoindrissement de leurs ramifications, particulièrement chez l'olivier.

Les vignobles des bords de l'Arc se comportent bien lorsqu'ils sont établis en terrains sablonneux ; mais, pour conserver les autres, on a recours au sulfure de carbone.

Les vignes de M. Jauffret (de Coudoux), très éprouvées par le phylloxéra, l'an passé, malgré le sulfurage et une fumure des plus réconfortantes (une dissolution de sulfure de potassium et de sulfate d'ammoniaque), ne se rétablissent pas vite ; elles restent atrophiées, toujours sucées probablement par le phylloxéra.

A Velaux, les cépages américains y étaient encore à peu près inconnus. Le Comité anti-phylloxérique d'Aix a offert un paquet des meilleures de ses vignes, provenant de son champ d'études, pour être distribuées aux principaux agriculteurs de la localité.

Le Tholonet.

Si mes appréciations sur l'agriculture des Bouches-du-Rhône s'adressent de préférence à la situation viticole, c'est que la culture du vignoble est la seule qui peut donner au paysan provençal, sinon la richesse, au moins lui permettre de vivre honnêtement ou humainement.

Au Tholonet, la nature et la situation du territoire

sont très favorables à la production du bon vin ; ses hameaux, Langesse et Palette, faisaient 'un vin cuit renommé.

Au château de Gallifet et chez M. Houchard existent les nouvelles plantations de vignes les plus importantes; ce dernier propriétaire cultive de préférence les cépages américains et il en est très satisfait: à deux ans de plantation, les Jacquez, provenant de boutures, sont déjà porteurs de raisins. Sur des coteaux secs, caillouteux, existent des Riparia et des Solonis verts et vigoureux dont il sera intéressant de connaître les résultats dans quelques années. Les cépages français y seront submergés et une forte fumure complètera l'inondation.

Cette propriété possède en outre des carrés de légumes, en pommes de terre bien dirigées, des champs de céréales superbes et des prairies nouvelles ou anciennes parfaitement entretenues : l'une de ces dernières rapporte, par an, jusqu'à 16,000 kil. de foin, à l'hectare.

Luynes.

Mon passage à Luynes n'a été marqué que par une excursion dans son territoire, qui ne m'a rien présenté de particulièrement instructif à signaler.

J'ai remarqué cependant, à l'entrée du vallon de Valabre, dans un sol d'alluvion, une excellente culture maraîchère.

Dans ces terrains, qui paraissent exposés aux gelées tardives, mon attention a été attirée par quelques amandiers chargés de fruits à coque dure dont la fructification avait résisté aux fortes gelées du mois de mars dernier. Au Tholonet, on m'a aussi montré des amandiers qui avaient des fruits (une sorte d'*Amande à flot*), tandis que leurs congénères n'en portaient point.

Ces variétés d'amandes devraient être propagées, non pas de façon à leur donner une grande extension dans les vergers, — car je pense qu'il faut cultiver de préférence les *Amandes fines*, -- mais de façon à leur accorder du moins une place suffisante pour permettre au cultivateur d'amanderaie d'obtenir une récolte toutes les années.

Aix.

École normale d'instituteurs. — Le champ d'expériences agricoles de l'École normale d'Instituteurs possède aujourd'hui à peu près toutes les sortes de cultures faites dans le département des Bouches-du-Rhône. Il comprend également un jardin botanique où se trouvent les principales plantes utiles ou qui croissent spontanément dans l'arrondissement d'Aix ; enfin, on y voit des végétaux d'agrément : Géranium, Verveine, Petunia Coréopsis, Dahlia, Reine-Marguerite, etc., etc.

Les élèves-maîtres assistent presque à toutes les opérations culturales importantes et ensuite, le jardinier les leur fait mettre en application. Cette année, on a essayé comparativement les engrais chimiques : sur toutes les plantes, mais particulièrement sur les légumes, leurs effets ont été des plus concluants et bien supérieurs même au fumier de bergerie. En ce moment, on étudie les dix variétés de pommes de terre les plus recommandables, et, après la récolte, on notera soigneusement les résultats obtenus.

Il est seulement à regretter que ce champ d'études ne soit pas assez vaste pour donner, à chaque élève, un carré de terrain suffisant, où il reproduirait en petit ce que le chef des cultures fait en grand. Le maître pourrait ainsi se convaincre plus sûrement de l'instruction de ses élèves, et ceux-ci, de leur côté, auraient, dans l'exemple de leurs condisciples, un stimulant sinon pour les surpasser, au moins pour les égaler.

Espérons que dans le nouvel Établissement pour les écoles normales, on aura réservé un emplacement suffisant pour réaliser cette utile combinaison.

ÉCOLE NORMALE D'INSTITUTRICES. — En prenant possession de leur nouvelle école, les élèves-maîtresses ont embelli la cour de récréation de corbeilles de verdure et de fleurs, en attendant que le terrain destiné à servir de jardin soit mis en état de recevoir les cultures.

Pour l'enseignement horticole pratique, on se rend à une campagne où se trouvent de magnifiques arbres d'agrément : *Cèdre, Sequoia, Pinsabo, Marronnier,* etc., etc., des céréales, des plantes fourragères et des plantes potagères.

Plusieurs visites ont été faites aussi aux vignes du Comité d'Aix, où les élèves de troisième année ont exécuté des greffages qui ont très bien réussi.

Dans une des salles de l'école a eu lieu une éducation de vers-à-soie avec des graines offertes par la station séricicole de Montpellier, qui a donné une récolte de cocons complète.

Le musée scolaire contient la collection des Bois du

département des Bouches-du-Rhône, primée d'une médaille d'argent par la Société d' Horticulture de Marseille; les principaux Minéraux, les Fruits et les Légumes cultivés dans lé département ; les œufs des Hôtes de la basse-cour et de quelques Oiseaux, etc., etc. Avec ces divers échantillons, on peut faire maintenant la leçon, *par l'Exemple*, sur les choses de l'Agriculture de la Géologie, de la Botanique, etc., et faciliter beaucoup l'étude de ces sciences.

Je terminerai le récit de ma mission en vous parlant, Messieurs, de la *situation du vignoble d'essais* du Comité de vigilance d'Aix, et j'établirai mon exposition dans le même ordre que mon précédent Rapport.

CARRÉ I.

PLANCHE I. — *Vignes indigènes en cordon transversal-unilatéral, en contre-espalier* et à *large espacement ;* elles sont toujours très vigoureuses et très fertiles.

PLANCHE II. — *Vignes indigènes taillées très libéralement (méthode Faudrin)* ; elles ont une vigueur suffisante et beaucoup de raisins.

PLANCHE III. — *Vignes indigènes traitées* par le *sulfure de carbone ;* elles sont toujours exemptes de phylloxéra.

PLANCHE IV. — *Vignes indigènes traitées* par le *sulfocarbonate de potassium* ; elles sont toujours indemnes de phylloxéra.

PLANCHE V. — *Vignes indigènes sans traitement aucun ;* elles sont fortement phylloxérées et quelques-unes mêmes sont presque mortes. Pour bien faire apprécier la valeur du sulfocarbonate de potassium comme insecticide, on a traité avec cet ingrédient chimique plusieurs ceps ; ceux-ci repoussent, tandis que les autres dépérissent de plus en plus.

PLANCHE VI. — *Vignes indigènes formées en chaintre et en arbre ;* elles conservent une belle vigueur et se couvrent d'abondantes grappes.

PLANCHE VII. — *Vignes indigènes enduites au pied, pour la troisième fois, d'huile Mozambique* (invention Roux) ; elles se sont laissé envahir par le phylloxéra et elles n'ont jamais mieux végété que les ceps-témoins non huilés.

PLANCHE VIII et IX. — *Vignes françaises greffées sur américaines ;* elles restent d'une vigueur ordinaire et quelques-unes même sont attaquées par l'*Anthracnose* et le *Cottis.*

PLANCHE X. — *Vignes indigènes de semis ;* elles ne laissent rien à désirer comme vigueur et comme santé, et, cette année-ci, plusieurs d'entre elles commencent à fructifier.

PLANCHE XI à XXI et XXIII à XXVII. — *Vignes Américaines Jacquez,* d'une force extraordinaire, très vertes et assez fertiles.

PLANCHE XXII. — *Vignes indigènes* et vignes Jacquez intercalées ; ces dernières prennent de plus en plus d'a vance sur les premières.

CARRÉ II.

PLANCHE SUPPLÉMENTAIRE. — *Vignes de Médoc* traitées par le *procédé Teyssier* (de Grans), un liquide dont l'inventeur s'est réservé le secret de la composition ; les

ceps sont soumis alternativement à la *taille à bois court*
et à *bois demi-long, avec coursons de remplacement* ; ils
sont tous très vigoureux ; seulement ceux-ci sont plus
chargés en raisins que les autres.

PLANCHE I. — *Vignes indigènes conduites à la mode Pro-
vençale* ; elles ont toujours beaucoup de force, mais elles
font peu de fruits ; de plus, la forme des ceps est disgra-
cieuse et gênante pour les labours.

PLANCHE II. — *Vignes indigènes traitées par le procédé
Rohart* (depuis deux mois environ). A l'aide d'un pal en
fer que l'on introduit dans le sol, à une distance d'environ 0ᵐ,30 ou 0ᵐ,40 du pied des ceps et à une profondeur
d'environ 0ᵐ,40 ou 0ᵐ,50, on fait 3 ou 4 trous, au fond
desquels on y descend des *cubes en bois injectés de sulfure
de carbone et recouverts d'une couche de gélatine.*

PLANCHE III. — *Vignes indigènes non traitées,* pour
servir de terme de comparaison avec les vignes des
plates-bandes médicamentées ; elles sont toujours belles
et fertiles.

PLANCHE IV. — *Vignes indigènes destinées à servir
pour le marcottage des sarments en pots* ; leurs raisins se sont maintenus frais jusqu'en mars et avril.

PLANCHE V. — *Vignes indigènes* soumises, les unes au
procédé Toscan, et les autres à l'*Ensablement.* Les premières sont toujours vigoureuses et font des raisins,
tandis que les autres sont entamées par le phylloxéra ;
pour sauver celles-ci, on a eu recours à une dissolution
de sulfo-carbonate de potassium.

PLANCHE VI. — *Vignes indigènes sans façon,* c'est-à-
dire privées de labour ; elles se comportent toujours bien
et comme vigueur et comme fructification.

Planche VII. — *Vignes américaines Taylor* ; à cause de leur jaunisse chronique, elles ont été greffées en Jacquez, au printemps dernier. Les greffons qui ont repris, trop rares malheureusement, poussent avec les caractères d'une bonne santé.

Planches VII, VIII et IX. — *Jeunes vignes Américaines variées*. Les cépages *Alvi-Brouth* se sont tellement rabougris, sous l'influence du *Cottis*, qu'ils cnt presque perdu leurs pampres.

Planche X. — *Vignes américaines — Hybrides*; *Canada* et *Othello* et *Yorck — Madeira*; les deux premiers cépages, le Canada surtout, continuent à pousser très vigoureusement et sont très fertiles. Quant aux derniers, ils sont toujours faibles et chlorotiques.

Planches XI, XII, XIII et XIV. — *Jacquez* très beaux et portant assez de raisins ; sur le nombre cependant, il y en a de chlorosés. Les ceps sont taillés, les uns court et les autres demi-long ou suivant l'originale taille du *passé*, du *présent* et de l'*avenir*.

Planche XV. — *Vignes américaines Clinton* ; leur végétation a subi une légère amélioration depuis l'année dernière.

Planche XVI. — *Vignes américaines Taylor.* Comme les Clinton, elles ont toujours des alternatives de santé et de faiblesse.

Planche XVII. — *Vignes américaines Herbemont*; elles ont un peu plus de force et un peu moins de jaunisse que l'an passé.

Planche XVIII. — *Vignes américaines Cuningham* ; elles se comportent comme les Herbemont.

Planches XIX et XX. — *Vignes américaines Black-*

July, et Planche XXI. — *Vignes américaines Alvey ;* elles restent toujours dans un état de végétation ordinaire et chlorosé.

Planche XXII. — *Vignes américaines Solonis et vignes françaises Grenache, Panse, Espar*, intercalées ; celles-là se sont toujours mieux développées que celle-ci. Au printemps dernier, les Solonis ont été greffés avec succès pour juger de leur valeur comme porte-greffes.

Planches XXIII, XXIV, XXV et XXVI. — *Solonis ,* toujours superbes de force et de santé.

CARRÉ III.

Planches de I à XXIII. — *Vignes américaines Riparia;* elles sont d'une végétation plus saine depuis que les sujets à petites feuilles et à port buissonneux ont été remplacés par des *Rip. tomenteux* ou à bois rouge, ou par des Provins des bonnes variétés déjà plantées.

Planches XIX, XX et XXI.—Vignes américaines diverses : *Merimack;* leur végétation s'est encore renforcée ; *Canada*, toujours très vigoureux et très fertile ; *Jacquez* de semis, tous verts et vigoureux ; *Roger* n. 2, toujours jaunes et faibles; *Peter-Wilder*, sont devenus très vigoureux ; *Yeddo*, sont toujours d'une bonne vigueur et montrent quelques grappes ; *Clinton (semis fertile)*, ont gagné en force, mais ils sont toujours jaunes ; *Delaware*, ont mieux poussé. Il en est de même du *Diana* et du *Venango* ; tandis que le *Cornucopia*, le *Champion* et surtout le *Catawba*, se sont affaiblis. Le *Clinton Black-Hambourg* s'est maintenu très vigoureux, mais il reste chlorosé.

Planche XXII, *Alvey* ; Planche XXIII, *Herbemont*, et

Planche XXIV, *Cuningham.* — Ces vignes ressemblent exactement à celles du carré II.

Planche XXV. — *Black-July*, transformés en Jacquez par le greffage ; à l'exception de deux ou trois, ils ont tous poussé avec beaucoup de force et avec des feuilles d'un vert cul de bouteille.

Planches XXVI et XXVII, *Jacquez.* — Ils sont identiques aux précédents, pour la végétation et la fructification.

CARRÉ IV.

Les vignes plantées dans ce carré n'ont pas complètement réussi, à cause de la grande sécheresse qu'elles ont subie, ce qui a obligé de les refaire avec certaines modifications. L'ordre des plates-bandes aussi a été changé pour mieux faire suite à celui des autres carrés.

Planches I, II et III, *Jacquez.* — A leur troisième végétation ils ne sont pas encore acclimatés, leur végétation reste faible et chlorosée.

Planche IV. — *Vignes indigènes* destinées à être soumises au procédé *Crouzet*, qui consiste dans l'emploi d'un mélange de 250 grammes de charbon de bois pilé et d'un litre de sable placé dans un manchon autour de chaque souche.

Planche V. — *Vignes indigènes* réservées pour être traitées par le *sulfurage (procédé Aman-Vigié).*

Planche VI. — *Vignes indigènes* bouturées ; elles ont mal repris ; et il en est généralement ainsi dans toutes les nouvelles plantations. Elles sont soumises au *système Toscan.*

Planche VII. — *Vignes indigènes* destinées à recevoir le *procédé Mandon*, qui a pour effet de changer la nature de la sève et de la rendre mortelle au phylloxéra : on fait un trou dans la tige du cep, à l'aide d'une vrille, et on y introduit un entonnoir dans lequel on verse de l'eau phénolée.

Planches VIII et IX. — *Riparia choisis*, bouturés de l'année ; ils ont bien repris.

Planches X, XI, XII et XIII. — *Jacquez* assez vigoureux, mais chlorosés.

Planche XIV. — *Cépages américains divers : Canada*, vigoureux et fertiles ; *Télégraphe*, d'une vigueur ordinaire et *Alvi-Brouth*, faibles.

Planche XV. — *Herbemont*; ils restent maladifs, suffoqués par la jaunisse.

Planches de XVI à XIX et XXI. — *Solonis* magnifiques de végétation à côté d'autres sortes de cépages complètement chlorosés.

Planche XX. — *Solonis* âgés de deux ans, greffés en avril dernier avec des *cépages indigènes (vignes à vin, vignes de table, Hybrides-Bouchet)* ; tous les greffons ont réussi et la plupart sont très vigoureux, verts et fertiles.

Planches de XXII à XXIV et de XXVIII à XXXVII. — *Riparia* francs de pied, beaux et au feuillage généralement vert.

Planche XXIII. — *Riparia* transformés en vignes françaises.

Planche XXXVIII. — *Vignes indigènes* avec des *vignes américaines* dans l'entre-deux ; celles-ci sont traitées d'une *manière usurière*, pour récolter vite et beaucoup en attendant que les autres, cultivées pour le remplacement, aient bien pris possession du sol, afin de recevoir avantageusement le greffage, si ce sont des porte-greffes, ou pour donner une récolte de raisins suffisante, si ce sont des plants à produit direct.

PLANCHE XXXIX. — *Vignes indigènes greffées sur Riparia enracinés*, au coin du feu, elles n'ont encore qu'une végétation ordinaire.

PLANCHE XL. — *Vignes américaines Rupestris*. — L'aridité du terrain a fait dessécher la plupart des plants, qui ont été remplacés l'hiver dernier ; ceux qui ont repris, l'an passé, sont assez vigoureux.

PLANCHES XLI et XLII. — *Riparia* bouturés de l'année; ils ont mal repris. Est-ce à cause de leur séjour trop prolongé dans l'eau? ou bien à l'action désorganisante des fortes gelées qu'il a fait en mars dernier? C'est ce que l'on étudiera mieux l'année prochaine.

PLANCHE XLVII. — *Yorck-Madeira* : ils poussent mieux qu'avant, et sans trace aucune de jaunisse sur leurs pampres.

PLANCHES XLVIII, XLIX et L. — *Solonis bouturés;* beaucoup se sont desséchés, probablement sous l'influence des mêmes causes ci-dessus indiquées.

PLANCHES LI, LII et LIII. — *Solonis chevelées* ; d'une reprise complète. Ils ont remplacé les *Clinton-Vialla*, et les *Clinton-Francklin* qui, pendant deux ans, ont eu toujours le *cottis* ou la chlorose.

Pour justifier au mieux son titre de *Vignoble d'Essais*, on y expérimente aussi des engrais différents, on y fait des opérations particulières, etc. Comme engrais, l'engrais chimique complet n° 4 ; un engrais composé : sulfate d'ammoniaque, superphosphate d'os et chlorure de potassium ; les tourteaux, les rognures de cuir, le sulfate de fer, etc. ; comme parasitaires, le soufre, la chaux en poudre, le fongivore et les dissolutions de sulfate de fer et de sulfate de cuivre ; enfin diverses sortes d'abris ont été placés sur les vignes, en vue de les garantir des gelées blanches tardives.

Après trois années d'expériences suivies, les résultats obtenus prouvent :

Que l'*espacement* entre les ceps et le *développement* de la tête de l'arbuste conviennent à la végétation et à la fructification de la vigne ;

Que, si on doute de l'efficacité des moyens anti-phylloxériques, on peut encore tirer un bon parti de la vigne par une *culture intensive*, c'est-à-dire avec des cépages rustiques et fertiles, des fumures nutritives, une taille généreuse et des arrosages faits en temps opportun ;

Que le *sulfure de carbone* et le *sulfocarbonate de potassium* sont bien réellement nuisibles au phylloxéra et prolongent la durée de la vigne ;

Que ce *dernier agent chimique* est, de plus, un excellent restaurateur des vignes malades des suites du phylloxéra ou d'autres affections végétales ;

Que le *procédé Toscan* paraît pouvoir être classé parmi les bons moyens anti-phylloxériques ; que le *tassement* doit contrarier l'introduction de l'insecte dans le sol ;

Que les vignes *non traitées* ne résistent pas longtemps aux atteintes du phylloxéra, surtout dans les sols compactes ;

Que l'*huile mozambique* n'est ni un stimulant pour la végétation, ni un anti-phylloxérique ;

Que la *culture en chaintre* et mieux encore le *grand*

gobelet (système Faudrin-Giéra) avantagent beaucoup la vigne en accroissant sa force et son produit ;

Que le *greffage des vignes Françaises sur vignes Américaines* semble préférable surtout sur les ceps en *place à demeure* et *âgés de deux ou trois ans*, c'est-à-dire quand ils ont bien pris possession du sol ;

Qu'il faut renoncer de greffer *à l'atelier* ou au *coin du feu*;

Que, parmi les *modes de greffages*, les meilleurs sont la *greffe en fente ordinaire* et la *greffe anglaise simple* ou avec *queue ;*

Que la *reproduction* de la vigne *par ses pepins*, aide à la résistance des ceps ;

Que la *qualité anti-phylloxérique du Jacquez*, s'affirme de plus en plus ;

Que le *Canada* et l'*Othello*, plants à produit direct, paraissent aussi pouvoir résister au phylloxéra ;

Que le *Riparia* et le *Solonis* surtout sont très rustiques et qu'il faut les adopter de préférence comme *porte-greffes*;

Que, dans l'intérêt de la viticulture, il faudrait semer des pepins *des vignes exotiques* et en *étudier les produits ;*

Qu'en dehors des *quelques cépages Américains susnommés*, les autres vignes étrangères n'ont qu'une valeur secondaire ;

Qu'en ce qui concerne l'*Education de l'arbuste,* on doit renoncer à le *tailler trop bas et trop court ;*

Qu'il vaut mieux y *donner le plus possible de ses caractères naturels* ;

Que le *palissage de la vigne* est une chose fort utile pour la garantir surtout contre les ravages des vents violents;

Que, de *tous les engrais essayés*, aucun n'a pu montrer encore sa supériorité sur les autres;

Que le *soufre sublimé* brûle l'oïdium ; que la *chaux vive* en poudre agit efficacement contre l'anthracnose (on n'a pu constater encore les effets du fongivore) ;

Enfin, que les *dissolutions au sulfate de fer* ou au *sulfate de cuivre*, peuvent détruire les cryptogames, mais qu'elles n'ont aucune action préventive sur les parasites...

Quant aux *Paragelées*, on n'a pu heureusement (à défaut de gelée), juger de leurs propriétés protectives.

Afin de tenir le public agricole au courant des progrès de la viticulture et de faire le plus possible des prosélytes, j'ai donné, aux époques des principales opérations viticoles, des séances théoriques et pratiques.

On peut donc dire aujourd'hui que le Vignoble d'études du Comité d'Aix est une véritable Ecole de Viticulture, où chacun peut venir se rendre compte par lui-même, de la valeur respective des anti-phylloxériques et des procédés de cultures. En l'absence du Directeur, le vigneron, attaché aux champs, pour les soins d'entretien, est chargé de renseigner les visiteurs qui en font la demande,

D'après les notes que j'ai pu me procurer de nouveau sur la situation viticole du département des Bouches-du-Rhône, il existerait actuellement en Vignobles anciens ou nouvellement créés :

Sans traitement aucun....................	1,250	hect.
Soumis à la submersion.................	4,825	»
Traités par les insecticides	353	»
Plantés en sols sablonneux	5,915	»
Occupés avec des cépages américains ...	648	»
Total...........	13,091	hect.

En résumé, l'état présent de l'Agriculture départementale est satisfaisant. Grâce aux pluies libérales dont le sol a été gratifié, les récoltes seront bonnes et elles auraient été même abondantes, sans les quelques journées de froid intense du mois de mars dernier, qui ont complètement détruit la fructification de l'amandier et gravement compromis celle du pêcher et du cerisier. Mais, l'olivier, la vigne et les autres arbres fruitiers n'ont pas été contrariés et ils produiront sans doute raisonnablement. De même pour les céréales, les plantes fourragères et les plantes potagères ; en un mot, les agriculteurs Provençaux n'auront pas trop à se plaindre de l'année 1883, pour peu que la température se maintienne dans des conditions favorables.

C'est avec cette espérance que j'ai l'honneur de vous réitérer,

Monsieur le Préfet,

et

Messieurs les Conseillers Généraux,

l'assurance de mes sentiments respectueux et dévoués.

M. FAUDRIN,

Professeur d'arboriculture et de viticulture
des Bouches-du-Rhône.

9 782329 654539